AF209974

MIRA MINK JA *OI OI RAKKAUTTA*

Toinen

MIRA MINK

OI OI RAKKAUTTA

Runokirja

Rakkausrunoja

FSC
www.fsc.org

MIX

Paperi vastuul –
lisista lähteistä
Paper from
responsible sources

FSC® C105338

© 2020 Mira Mink

Kannen suunnittelu: Mira Mink
Sisuksen taitto: Mira Mink

Kustantaja: BoD – Books on Demand, Helsinki, Suomi
Valmistaja: BoD – Books on Demand, Norderstedt, Saksa

ISBN: 978-952-802-258-9

I KALLIOSSA

[*ei-unikuva, vaan "UG" eli underground,
puhekielinen slangia, salainen koodaus, tark.*
maanalainen metrokulttuuri.]

UG-kuva

olet mun kadunkulkija

      seuraa mua katseellaan

yö tulee, jos tulee

kaikki asemalla odottaa sun junaa

olet ihana, rakas

odotan viimeistä päivää

[kaikki tunnelma tuntuu keinotekoiselta ja järkevältä.]

baarin tunnelma

"hermot palaa!"

loppuun liekitkin

pateettisen epäluonnollisesti muovisia

äkkiä ottaa käteni omaansa

puhaltaa kylmiin ihotuntumiin

eloa suudelmin,

kirjoitan runoa,

kohta kauppaan,

suutelua

*[menen tapaamaan kaveriani, jolla on aina naiset
kimpussa.]*

illalla avataan

herään iltapäivällä

    aurinkoiseen hymyysi, kun ostan jäätelön

      pahapäisenä kiduttamaan minua

pistävillä ajatuksillasi

melkein surun lyömänä,

mitään mikään ei voi aloittaa

näytän kärsineeltä

kadulla käveleviä häntäilijöitä

kiertämässä korttelia

"en tiedä" - vastauksia

    joka pöydästä - henkeä ahdistaa

[yhdentekevää, paljonko maksan. siitä aina
puhuminen maksaa enemmän henkisesti.]

urbania

"ei täältä pääse minnekään!"

autoton käsitys hävisi juuri

siinä kohdassa tilannetta,

jossa yritin vielä jotain sanoa

en enää mieti, mitä

yhteiskunnassa sattuu ja tapahtuu

mitään asioita ei voi edistää

mistään ei voi puhua kuin ihminen ihmiselle

en kuuntele

istumme omissa karsinoissamme,

etten näkisi enkä kuulisi

juorujesi tyhjiä sanoja

en edes kaverille voi tarjota kahvia

"kahvi maksaa kolme euroa"

on hintansa oluella Kallion kapakoissakin

"*arkaa aamurakkautta,*

ymmärräthän naapurissa?"

[himoitsemista. toimeentarttumista, joka
arkipäiväisissä ympyröissä on suoranaista
teeskentelyä.]

äkkiä

huudan sinua: "missä olet?"

revin hihastasi. "yritätkö kadota taas?"

"en minä katoa!", huudan yhtä kovalla äänellä

on luonnollista kadota runoihin,

himo silmissä upottaa sormet ihoon

kuin amerikkalaisissa filmeissä[...]

II OI OI RAKKAUTTA

*[romanttinen katukuva. haluan mieluummin läheisen
ihmisen kuin timantteja.]*

tahtoi vain aamupalaa

halasin sitä tyttöä vain kerran

halusin ostaa hänelle timantteja

hän halusi vain aamupalaa

olin samaa mieltä

kunnes huomasin

hän oli kadottanut nimensä

[*tykkään jostain niin paljon, että toisen osapuolen tunteet haalenevat ja pitkittävät suuttumusta tykkäämisen kohteeseen. siinä ei auta pakeneminen somemaailmaan.*]

tykätä

näet tunnet olet

tykkään

pidän vain sinun kuvistasi

kuvista rakkaudeton

sekoilet riehun

[baarielämässä kaikki hakevat tulta tiskiltä toisinaan.]

hidas robotti

elle femme

(kukas muu?)

kohtalokkuuden

katseetta

tunnotta

kärsii tiedosta

sylkisi katuojaan päin

"puute tulesta! ei huudostasi!"

jaagaan tultasi

[poliittinen teksti, uusi trendikö?]

politiikkasi

uhkakuvat sun silmistä luen,

silität mua ja

katsot aina kaipauksella

[vielä ihastuneessa vaiheessa itseensä. onko
ihastuminen jo rakkautta?]

ihana rakkausruno!

ihanasti otteessa

välittömässä läheisyydessä

en osaa nuotiokokkausta

sormetkin palaa, olet niin poppaa

vierelläni ilta-auringossa,

hellyyden puutteessa

[*mitä teen rakkauden eteen?*]

runo seinän takana *

juot blandattua magic-vodkaasi,

kietoudut ympärilleni

tunnut untuvalta ruokit herkkupaloilla

sanon joka kohtaan hellästi

lopetan jopa röökin ja alkoholin

[rakkaus ja luonnonläheisyys inspiroivat.]

vielä yksi rakkausruno

läheisyyskivut, jos kukaan ei rakasta,

miten elät yksin

puuhun tähyilemään loittonevia hahmoja,

vastarannan retkikuntia, makkaratikkujen
varsissa

kuvaan erilaisia taivaita,

valtavaa kuuta, aurinkoa,

kirjavia sinisiä sävyjä, pilvimuodostelmia,

hangella, hileinä

olemuksesi koukuttaa, vainoharha

tartut käteeni, jotta turhaan avaan oven

[*"treffit huvipuistossa"*, *hyvä fiilis, vaikka onkin darra.*]

sydänfiguuri **

säihkyvää pilvihattaraa huvipuiston laitteissa

nyt huimaa hypätä, jännittää

hei, nyt voin myöntää, tai kuolla tunteisiin

skitsaat uuden yön aamun, suutelen,

ennen aamunkoittoa,

jos olet selvinpäin ja sillä tuulella

[unissani voin tykätä.]

rakas uni

tykkään sun

rakasta!

kysymys huulilla

mausta,

toisen maailman

[*runoudessa kaikki ei ole aina todellista. ikävöin
katsettasi. en aina kommentoi.*]

runolupa

saa naida, kuksia pusikoissa

pitää kädestä, juoda helmeillyttä

olla julma nainen

lautanen lähelläni ikävä huomiotasi

[kolmas runouneni. saada unenpäästä kiinni.]

varjostettu uni

siluetti peittää värjöttelen aivokäyräni unessa,

joutuisi jo...

[hetken verran olen kuumassa.]

mielikuvat

mieshäppiour ja mikään ei maistu hyvältä

"ok" hymyilen koitat tissiäni

jään kiinni vesisyövereistä

huikeisiin hymykuoppiin

"pidä musta kiinni täysillä!"

[*suukotan maailman suloisinta otusta. "ti mangio avvivo."*]

syöttää lemmikkinsä

hän syö sinut,

  elävältä

   pikkurakin

hymyilee tyytyväisenä,

  pihkassa

keneltä pyydän käteeni sopivaa,

sellaista tavaraa,

jota rakit syövät kämmeneltäkin

hiukkas kriittinen

[*rakkaus muuttaa ihmistä.*]

sinuun

"ollaan iisisti!

en tiedä nykyään, kuka olen

henkilökohtaisessa kriisissä

joka tapauksessa "

mutta jotta että ja koska kun

aina löytyy tekosyy

oikea ihminen

[taksilla kauas baari-illasta kotiin, kotimatka maksaa
paljon, parisuhteissa asiat toistuvat.]

maalle

yömyöhän realistisuus,

lauennut säälittävä pinnallisuus,

eron ajattelua

nukumme heti aamu saapuu päivä jatkuu

tänään, jos olisin sinut tavannut

[kaikki eivät siedä kaikkien puheenaiheita.]

painajaisen jatkumo

säästä minut syyltä, jos se on liian raaka,

totuuteen kytköksissä, muuten se on
pakkomielle

en pitänyt eriskummallisena mitään

elin intuitiivisesti

[ero tulee. toinen tukahtuu, jos kokee ylivaltaa.]

herään allasi

herkästi

ı

[riidan sovittelua, kun kumpikin on väsynyt.]

sopimuksen rikkoja

koko yön näin unta orgasmista sen kanssa,

yhtäkkiä hän rakastuu yöllä on paljon parempi,

yhtäkkiä hän soittaa ja pyytää rakastuneella
äänellään: "tuuthan?"

ei ole enää, pyytää anteeksi huomattuaan, kuinka
typerä on ja käyttäytyi vielä typerämmin [...]

[*tylsän arkiseksi muuttuminen. toinen on sohvalla ikävöiden sänkyä, jossa 'joku' on mukavasti nukkumassa kuitenkaan sinne kutsumatta.*]

same old

kukaan ei toivu heti

kymmenien vuosien traumapolitiikasta

katkerista katseista kitkeristä

jankata öisin, elää samaa stooria

manifestoimattomuuttaan

jankkaaminen tappaa luovuuden

vihaan sinua sohvalla ikävöin sinua aamuyöllä
löydät minut sieltä

    – ihan sama

[*muuttaisin maanantaivapaaseen maahan, vain yksi sääntö ei maanantaita.*]

syksy tuhoaa kauneutemme

she just is

she gets me liking her

katukirjallisuus

[*myös kuvarunona*]

ihastua persoonaan

hukun

aina sun silmiin

olen

    hiljaa koska ymmärrät mua

nenäsi

     vinkuu tuuli navetan ovissa,

saranan soidessa

toukokuu 2018

III SUHTEITA

[se surullinen tunne kaupungista]

olet utopia

samoin sinusta ajattelet kuin etäinen kaupunki

nimen muistan siellä käydessäni

se yksi stadi vain suurkaupunki täynnä
työttömiä ja maahanmuuttajia,

kaupungin sykettä

joudun pakenemaan hotelliin, sinua kiukuttaa,

enkä jaksa jankata eroa

[*italialainen hellittelysana tark.* pullukka. *runo on kuvausta tilanteesta, kun nainen haukkuu itseään läskiksi sanoen "olenpa läski".*]

suudelmaestot

ei voida pussata, et voi pussata mua,

koska sun huuli on kipee,

koska oon läski *ciccia*

[erossa, toinen osapuoli on kaukana ja epäilee
välinpitämättömyyttäni etäisyyden syyksi.]

hänestä kertoo

kysyn

hän ei osaa vastata

tarinani lopussakaan

　　loputon vihonviimeisyys

pohjasta/-lta kaikuu keväinen sointi

hän käveli luo alasti

tarttui minuun

itki ja huusi ulkoilmaan

suureen ääneen

[yksi pakenee muita eri kerrokseen.]

yksinoikeudet

juoksin karkuun etsin etsin

huusivat kuorossa

päänsä täynnä viisauksia

kukaan ei ymmärtänyt

kuullut vastauksia

ymmärtänyt mitä teki

aurinko paistoi rappukäytävässä,

enkä käänny

[riitely vie voimia, jos en saa etäisyyttä, omaa tilaa.]

kuilussa on tilan loppumisen pelko

maailmanlopun uhkakuvakirjat idioottityhmät toimittajakielet

kysyn "miksi" lukematon

puuportaissa kulkevat rauhattomuus ja nimettömät vetoomukset

jatkuva vihjailu siitä ja tästä,

edelliset suhteet

[tapaan jonkun. herkkä maku jää moneksi viikoksi,
kun suutelet oikein kauan.]

ymmärrätkö sinä minua

pitkänmatkan juoksua

en ymmärrä olla kännissä

ja   heittäytyä puhtain sydämin

vihaan häntä, koska en vielä muistanut

onnellisessa talossa

onnellisen kanssa

onnellinen minua

suhde vähillä resursseilla

herkkä maustasi

[*ihmettelyä. etsin sitä olennaista.*]

lyhyesti

["pitikö mun uskoa sinuun,

 joka en ole?"

"hei", sanon sivupersoonalleni

"pitikö mun olla sinuun?"]

[*hirviö ja kaunis ovat parempia toisilleen samassa huoneessa.*]

[en enää muista, miltä tuntui olla rakastettusi.]

ero

istun räystäällä

maistelen olutta

sisälläni kiemurtelee

ruumiini kylmän

psykoosin iskemä

[ikkunasta näen muutamia asioita ja mieleni on tyhjä ideoista.]

liikkuva maisema

kukaan ei nuku

viikkoihin kuukausiin vuosiin

kukaan ei nuku öisin

tylsällä aukeamalla yhtenä maanantaina

kolmen viikon kelailun jälkeen

ajatus seisoo anatomian vankina

"joku hiihtää tuolla pellolla!"

"kun katson ulos, mitä näen?" kysyn

ohimenossa prinssejä, sheriffejä, firmoja

hiihtäjiä, psykopaatteja ja etenkin,

mistä ei pidä puhua

[ikävöin tunnetta olla hänen kanssaan.]

ikävä

hän

ei vastaa

eri kaupungeissa ja paikoissa

ennen, vihdoin

tunti sinne tänne

IV TILANTEITA

[kyyniset puheet ennen joulua]

rahat loppu

I

joulukuun aikana

kävi monesti sama juttu kerta kaikkia

kurkkua kuivaa baarissa

mitään siitä saa,

kun ympäri joulukuusta

 ympäri kiiruhtaa

vihreää juhannusta!

II

menivät jo kynnet,

makeet mukamas

sekoittivat identiteetin osia

katurunon hajussa

[*liioitellusti sanominen, riidat ihmissuhteissa, kaikki menossa mönkään yhteiskunnan epätasa-arvon vuoksi. sossun tukikiista pariskuntien epätasa-arvo asumiskustannusten korvauksien saamisessa.*]

sossunpummi

vanha pätemätön sääntö

pidä yhteiskuntaa yhtenä

kieltolakia ennen

puhku puhki ja syökse lohikäärmetulta

näin kuvittelisit, jos ei olisi sotaa

sosiaalitoimi haluaa kaikki,

vältteleviksi onnettomiksi, dokaaviksi

pikasuhteiksi, yksinäisiksi kaupassakävijöiksi,

yksinnukkujiksi, yksinmaksajiksi

seuran puutteeseen

tiedoksesi, nyt olen kohta yksin

[kaikilla kavereilla on rahat loppu. soitan ja puhun rahavaikeuksistasi. säästämistä tark. estää itseään dokaamasta vähistä rahoista. *on siinä hyöty.*]

rahansää(s)töä

iloinen rahan säästäminen

tänään on maanantai aion pysyä paikallani

en liiku säästän rahaa

ryhdyn vain ilmaisiin asioihin

jokainen hermosoluni tietää

tämä on hyvän mielen säästöpäivä,

kunhan ei jatku kokonaista vuotta

torstai tulee ja on runotulvia täynnä

[huutaminen itsekeskeiselle ihmiselle ilman motiivia
on tekosyy omille syille.]

kaupassa minäkin

syön ruokaa jopa kaukaa hankkimaasi

kun ostat kaupasta ruokaa, niin minäkin muuten,

en pääse eroon sinusta,

mutta kyllä pääset väitän väitän: "olet hullu"

vihjaus "et olekaan hullu, ainakaan läpikotaisin"

elämästä ja kuolemasta

kakofoninen lauma ja "niin olet sinäKIN"

[kodittomuus pelottaa kirjoittajaa. ei rauhaa tuoda
esiin yksilöllisyyttä.]

väsynyt yrittämään

nykyajan nomadi saisi käänteen,

eikä kuolisi taiteeseensa

on sisällötön, on kokonainen

[juoda lasolia on äärimmäinen keino. spugeläpäksi
määritelty. en suosittele.]

lasolia

platonista juoda lasolia huoltsikalla, piilopovaria,
mestaa en kehtaa kertoa

joku poika tulee vastaan kuvittelen olevani
fiksumpi,

tulevat taas aiheuttaen liet sontaa

[tilanteet. juon salaa baarissa rahattomana. ennen
töitä juon kahvia yleensä kotona.]

hidden

[nykyaikainen] jumaluus,

rahattomuus, muisti

"juon aamulla kahvia parantaa muistia"

kehittää pikamuistia

[epäily, vainoharhat, huumeet hermostuttavat,
eksentrittömänä.]

itsereflektointia

itsemme helvettiin

maapallolta

tutkimatta omaa sydäntämme

soitan runollisen puhelun,

jossa kerron vihaavani heitä

[yhteiskunnallisia ongelmia kasautuneena ilman
purkamiskanavaa.]

pahuuden vivahde on kiehtova klisee

säälikatseet tietävät yötä, juomia, juttusetiä

kieletön mielipuoleton

juoksentelevat kaduilla, miten sattuukin?

(avohoito, sote, epäonni)

[*hokemia, jotka ärsyttävät ja niitä on liikaa ilmoilla.*
kuka ne kategorisoi ja välillä ne sekoittuvat, mihin?]

kuka lie?

hokemia: "*nyt se tajuaa, nyt se tajuaa*

kuka lie? missä lie liejuissaan?

yksityisyys katosi nyt ne tajusi

nyt ne tajusi yksityisyystiedot"

[*ostan leipää ja voita. köyhyys satuttaa, jos ei olekaan
ruokaa ja toisilla on. käyn silti töissä.*]

pussata konnaa

ystäviä, joiden silmät liekehtivät

    leikkisinä tulina,

    matalina tuletta,

joiden teelautasen kokoiset silmät

läikkyvää maitoteetä hunajalla

viettelee sinut rentoutumaan ja

kivaan tunteeseen, yhdessäoloon

pitävät kädestä kiinni

viimeisen hetken koittaessa

vaaran hetkellä

ennen kuin raha tulee tilille

ja pieneen käteen,

rahaa, jolla ostaa leipä kaupasta

ja levittää voita sen päälle

niin tehdään hyvinvointiyhteiskunnassa

niin tehdään, kun on nälkä

niin tehdään ja siitä unelmoidaan,

kun on isoin nälkä ja tunne kurkussa

vatsa kurnii

"ehkä ehdin pussata kunnolla,

vaikka tiettynä hetkenä"

[runotarinasi voisin kirjoittaa.]

kiltit panot

[hän silittää takamustasi, hitaasti vaatteesi pois,

sylikkäin peittoihin]

tässä oli runo tältä aamulta ja senkin voi vielä
julkaista

mustalla

[nyt hän saa editoitua vihdoin rauhassa uusia runojaan, kiitos!]

V VAARALLISTA RUNOUTTA

kuvittelet kyyneleitä nähneesi

pokerinaamallani

muistat numerot, osaan laskea yksinkertaista xy-
yhtälöä

vääristynyt todellisuus, yliluonnollinen
lapsellinen kyky

työelämän raatajien hullujenhuone,

runoilijoiden huone, yrittäjien, lähisuhteitten

omat pakohuoneet

teeskentelee tykkäämiseen pettynyt,

voi kun, joskus olisit

[*todella ikävä sinua. kostamisen pitäisi tukea mielenrikkautta.*]

kosto

kirvelee huulia

kirvoittaa tuntemattomia sanoja

lihaa luiden päälle

lihaa keittoon

lihaa lihaville

niille, joista ei puhuta

niille, joita ei moikata

niille, joiden pää ei kestä haasteita

[kuvaa henkistä lisääntynyttä vapauden tarvetta.]

monotoniassa aivot narulle

sieluton lauma elämänsä kipuilijoita, jotka esittävät, että asiat ovat hyvin

koen vihdoin katkeran suloisuuden päästä heistä eroon vapaana sieluna tuijotan muuta kuin seinää,

kalja pelastaa päivän saldon

yöttömän päivän lähestyessä kovaa vauhtia

"kuvitteletko olevasi minä?"

loppujen lopuksi pelästyt kuvitelmia, kukaan ei…

menneisyyden hymy

[epämääräistä puhetta, rahapulaa, aamuisin vituttaa.
arkista.]

etäinen

olinko minä ei-tähtiliitoa? kuka odotti?

ei ole järkeä tragikomiikassaan sivujuonteena

voimme riidellä loppuun asti,

jos joku kustantaa

tiivistän kaikki tähän

onko teellä hintaa hotellissa,

painajainen hyökkää sänkyyn,

illalla pitää nukkua

[tylsää olla kaupassa yksin.]

vaarallista yksin

huonoja nuudeleita on tarjouksessa

maksu mitäänsanomaton

ihminen syö, silti kuka on väsynyt maksamaan,

väsynyt käymään kaupassa

[väsynyt] syömään halpoja nuudeleita,

koska ei ole muuhun varaa

"missä ovat superhyvät nuudelit?"   ne,
joiden liemestä tulee hyvä olo, vaadin vastineen

kuppi kuumaa ja keuhkot lämpimiksi

vien itseni lepäämään

sitten kaipaan lämmintä henkäystä ei ainaista
kävelyä kauppaan ja takaisin, toivottavasti
ihmistä, joka kävelee puolestasi

ystäviä, jotka ostavat sinullekin ruokaa, kun
jääkaappisi on tyhjä

tuovat eteesi tekevät siitä ateriaa,

antavat myöden

[*lounastauolla*]

yksin töissä tauko

istua, juoda mustana kiillotan kurvit päälle

kuvia, kuolleesta ruusukimpusta,

kuvia

kuvia maku kielen päällä,

raikkaana seksikkäänä

aistittavana

poimin lautaselta sinut suuhun

suussani nyt

[paha runo voi anteeksi nyt vaan olla stressaavin.]

hymy, sydän, tarina

hymyilee

sydän sydän sydän

tarina tarina

hymy hymy hymy

tarina tarina

tarina hymy

sydän hymy tarina

hymy tarina sydän sydän

julmasti sanottuna hymyn takana sydän

sydän sydän sydän sydän sydän sydän sydän

julma tarina hymy sydäntarina sydän sydän
hymysydän hymyilee sydän hymyilee hymyilee

[äkkiä suhde loppuu vaan. rakennusteline tarvitsee
paremmat tukirakenteet.]

mies nainen toivorikas suhde

intohimo tulinen - "hei elämä jatkuu"

on liian pieni maailma, joka liikkuu allamme

kohta ei pyöri päässä otan vastaan ilolla tuomat

ja lämmitetyt

VI LUONTOA KEHIIN

[*tilanteet. kaupungissa kerran kävellen kirjoitettuna.*]

retki

vaelletaan kuun paisteessa

vaelletaan

juokset edellä valonnopeudella

jalkasi takertuvat otteeseen

"kauanko aikaa?" kysyn

aurinko. verhojen sivuilta

maku viipyy suussani maistan vettä

kerrostalo on äänetön

toimii, tuntuu hyvältä

lopullinen maku

hektinen keskustelu

hektinen olo

[parisuhteettomuuden paineessa on pystyttävä
eriytymään toiseen vankilaan, pohdintaan.]

vankila

erossa sinusta olen yksin

epävarmuus ihmissuhteissa

vaikutteita saatuani runorakkaus

loppuukin kiviperustusten murenemassa

kovaa lujaa huomaamatta

heteroseksuaalinen puhe kaipaa uusia ympyröitä

istut joka yö `insomnia`minä yksin samassa

mietin en omaa

henkistä väkivahvaa, johon eläytyä

sosiaalisen elämän tyydytystä

[*käyn treffeillä kesälomalla huvipuistossa ja kaadun.*]

edellinen mies

mä syön hattaraa ja sä nautit drinkkikolaa

leikkii hurmiota kilpaa vapautta, lomailua

polttavia ihon riekaleita, viileitä sormia
ohimoilla.

[luonnossa on romantiikka.]

alaston

varon heiluvia oksia

  oksille kuoroja

   katoavia tunteita

pakkaselle oleminen

  kietoutuu

[*aineetonta elämässä*]

puhumaton

kuolleet eivät osaa puhua

en osaa minäkään

silmissä on kaikkeus

[*baarimikko: "tulit repimään baarin ovea liian myöhään yöllä." ja sitten: "ulkona paleltaa."*]

sulkemisaika

kiinni suljettu aamulla vasta

kaikki sanat, jotka irtoavat

kohu alkaa aamulla vasta

soitan sysikuista,

pimeydessä, jalkojeni alla

olevassa betonissa

jäljet

[valkoisessa maisemassa näkyvät pisteet.]

lumi on sokeapiste

varoavia heiluvia oksia

avaraan luontoon katoaisivat

madot sotkevat pisteitä

pakkanen puri olemiseeni

varo sä!

[eräs nauraa elämän kivuille. tunnen pettymystä.
törmään ihmishahmoihin, jotka näyttävät eläimiltä.]

no jo oli

haluat, että palelen

olen kaivattusi veemäinen bitch joka sanasta

hän suunnitelmallisesti nauraa

tekee pakofobistista suunnitelmaa

buranalakostaan

puhumattakaan kivoista vaatteistaan

elämä tuottaa hahmoja eri paikassa ja

haamu säikähtää

tuli äkkiä   sirpaleteos

[maaseudun kaltaisessa paikassa keskityt oleelliseen kuvaan.]

frekvenssi

aamuton talvi

lumi ikkuna-avoin tila

linnun pyrähdykset

maiseman koivut

jännittynyt kostea

mielettömyys

[*en muista kaverisi nimeä.*]

itsetoistoa

sinä sinä siellä

ratsastan sinua pakoon

niin sinäkin

[kuolleet tarkoittavat kuolleita tunteita, rehellisyyttä,
jollekin aineettomalle, pysyvälle ei löydy nimeä.]

kliseetön

kuolleet eivät väistä tieltä puhu kaunista kieltä

kimalle ei ole tähtipölyä, vaikka tähtilennolle
tahtovat lähteä

kiitotiellä kuuma, kylmä, raaja lentää ohi, u-
käännös muuttuville tekijöille

kylmä väre selkäpiin kohdalla. juokseva hikinoro

kuolleet tulkitsevat vain omaa tahtoaan

ovi sulkeutuu "kaaoskin valinta?"

nukkuvat lämpimän peiton alla

[luonnossa rakkaus nostattaa tunteitani pintaan.]

ilmiömäinen hehku

auringon puna poskilla maisemamaalaa se
sydämeen

pilasit mun valokuvakelani kelasin mokasin

kuumentunut rakkulasilmät mustina viiruina

eräät nauroivat oppimisen turhuudelle

imeytyy syvälle

[*maalla voi rauhoittua. linnut lentävät kohti. kurki huutaa kovaa.*]

katon läpi

mietin pusikossa sisustusta

nukut sohvalla katsot maisemaa

yön hiljaisuus kuluu, mutta ei näy,

valomassoja

pelottavat linnut suhahtelevat, ne tajuavat,

voivat aistia ja nähdä lopulta

muitakin näkyjä

[väsynyt tutkimaan, mitä tapahtuu ympäristössä.
jäällä on pimeää. olen luonnon armoilla. "missä
asut?"]

jäljet

tästä meni juuri äsken liian myöhään silloin

liian varhain silloin jo

niin toteaisi niin kävisi

miksi en kuuntelisi [päivät kuluivat]

ajan mustalla jäällä pakotiellä

lumilla

[luonnossa on voimaa ja ylistävyyttä, siksi cin cin.]

suojaudu

oksistoon katoavat silmäsi

metsäpuun suojaan

pakkasen huurruttamia risukasoja

erottuvia kohoumia

luonto kohottaa maljasi

cin cin

[kohtaamisten jälkeinen keskustelu.]

"olet ihanasti tunnet,

ihana rakas

rakastan sua, todella paljon,

ettet tiedäkään"

SISÄLLYS

I KALLIOSSA 6

UG-KUVA

BAARIN TUNNELMA

ILLALLA AVATAAN

URBANIA

ÄKKIÄ

II OI OI RAKKAUTTA 13

TAHTOI VAIN AAMUPALAA

TYKÄTÄ

HIDAS ROBOTTI

POLITIIKKASI

IHANA RAKKAUSRUNO

RUNO SEINÄN TAKANA**

VIELÄ YKSI RAKKAUSRUNO

SYDÄNFIGUURI

RAKAS UNI

RUNOLUPA

SINUUN

MAALLE

PAINAJAISEN JATKUMO

HERÄÄN ALLASI

SOPIMUKSEN RIKKOJA

SAME OLD

SYKSY TUHOAA KAUNEUTEMME

IHASTUA PERSOONAAN

III SUHTEITA   35

OLET UTOPIA

SUUDELMAESTOT

HÄNESTÄ KERTOO

YKSINOIKEUDET

KUILUSSA ON TILAN LOPPUMISEN PELKO

YMMÄRRÄTKÖ SINÄ MINUA

LYHYESTI

ERO

LIIKKUVA MAISEMA

IKÄVÄ

IV TILANTEITA   46

RAHAT LOPPU

SOSSUNPUMMI

RAHANSÄÄ(S)TÖÄ

KAUPASSA MINÄKIN

VÄSYNYT YRITTÄMÄÄN

LASOLIA

HIDDEN

ITSEREFLEKTOINTIA

PAHUUDEN VIVAHDE ON KIEHTOVA KLISEE

KUKA LIE?

PUSSATA KONNAA

KILTIT PANOT

V VAARALLISTA RUNOUTTA   61

KUVITTELET KYYNELEITÄ NÄHNEESI

KOSTO

MONOTONIASSA AIVOT NARULLE

ETÄINEN

VAARALLISTA YKSIN

YKSIN TÖISSÄ TAUKO

HYMY, SYDÄN, TARINA

MIES NAINEN TOIVORIKAS SUHDE

VI LUONTOA KEHIIN 71

RETKI

VANKILA

EDELLINEN MIES

ALASTON

PUHUMATON

SULKEMISAIKA

LUMI ON SOKEAPISTE

NO JO OLI

FREKVENSSI

ITSETOISTOA

KLISEETÖN

ILMIÖMÄINEN HEHKU

KATON LÄPI

JÄLJET

SUOJAUDU

kirjoittaja

Mira Mink (s.1982) on helsinkiläinen runoilijatar, kääntäjä, opettaja, kouluttaja ja runotapahtumien ideoija ja tuottaja. Ensimmäinen runokokoelmani *Surun lyömät* (2018).

Mira Minkin runokokoelma *Oi oi rakkautta* on kuvausta rakkaudesta, ihmissuhteista ja luonnosta sekä runojen kirjoittamisesta. Toinen rakkausrunokirja vie runojen lukijan "kieli on mieli" -filosofiasta metsähenkiseen runouteen.